Hans-Ingo von Pollern

Gefährliche Seelenkäufer?

Scientology und was dahintersteckt

D1720018

Kanisius Verlag

Informationen zur
neuen religiösen Szene 1
Hrsg.: Joachim Müller

Gekürzt erschien dieser Beitrag zuerst in der
HERDER KORRESPONDENZ 8/'92.

© 1993 Kanisius Verlag

ISBN 3 85764 393 5

Auslieferung:
Kanisius Verlag, Postfach 1052, CH-1701 Freiburg
Kanisiuswerk, Blarerstraße 18, D-78462 Konstanz

Druck:
Kanisiusdruckerei, Freiburg Schweiz

Inhalt

Seit Ende der sechziger Jahre kann man in Mitteleuropa und in der Bundesrepublik Deutschland das Phänomen beobachten, daß eine Vielzahl von «Religionsgemeinschaften» auftauchen, die eine neue Heilslehre über die Errettung der Menschheit verkünden wollen. Ihre Ursprünge sind in Asien und Nordamerika anzusiedeln. Die bekanntesten sind die Bhagwan-Bewegung, die Kinder-Gottes-Familie von David Berg, die Transzendentale Meditation von Maharishi Mahesh Yogi, die Vereinigungskirche von Sun Myung Moon und die «Scientology Kirche».

Die gefährlichste von diesen sogenannten Religionsgemeinschaften ist die «Scientology Kirche», die sich in den letzten Jahren auch in Baden-Württemberg ausgebreitet hat. Weltweit sollen sich rund 7 Mio. Menschen zur «Scientology Kirche» bekennen, die in über 30 Ländern 600 «Scientology-Kirchen», Missionen und Gruppen unterhalten soll. Im Oktober 1970 wurde die erste deutsche «Scientology Kirche» in München gegründet. In der Bundesrepublik Deutschland soll es rund 70'000 Anhänger geben, die sich in 8 «Kirchen», 21 Missionen und 2 Gruppen organisieren.

Was sind nun die Ursachen für den großen Zulauf? Viele junge Menschen befinden sich in einer Identitäts- und Selbstfindungskrise. Sie sind alle auf der Suche nach dem Sinn des Lebens, nach Halt und sozialer Einbindung. Diese Orientierungslosigkeit wird in unserer pluralen Gesellschaft mit ihren hohen Leistungsanforderungen besonders deutlich. Not tut eine Rückbesinnung auf die christlichen und ethischen Grundlagen unserer Gesellschaft.

Was bedeutet Scientology?

Der Begriff «Scientology» geht auf das lateinische Wort scire = wissen und den griechischen Begriff logos = Lehre zurück. Scientology ist der philosophische Überbau zur Dianetik. Nach Auffassung der Scientologen ist die Dianetik (von griechisch dia = durch und nous = Verstand) die Wissenschaft, die Funktion und Aufbau des menschlichen Verstandes demonstriert und in seiner Beziehung zum Körper erklärt.

Dianetik und Scientology gehen auf den am 13.3.1911 in Tilden/USA geborenen und am

24.1.1986 verstorbenen Amerikaner Lafayette Ronald Hubbard zurück, der als Schriftsteller im Bereich der Abenteurer-, Western- und Science-fiction-Literatur arbeitete. 1950 veröffentlichte er in seinem Science-fiction-Magazin einen Artikel «Dianetik – Einführung in eine Wissenschaft» und das Buch «Dianetik – Die moderne Wissenschaft der geistigen Gesundheit» sowie das Handbuch «Dianetisches Verfahren». 1954 erschien das Buch «Scientology: Die Grundlagen des Denkens». Darin wurde Dianetik zum Untergebiet der Scientology erklärt. Noch im gleichen Jahr entstand die erste «Scientology Kirche» in den USA («Church of Scientology of California»). 1967 wurde die «Sea Organization» gegründet, eine religiöse Ordensgemeinschaft, die mit Aufgaben der internationalen Koordination und Repräsentation der «Scientology Kirche» beauftragt wurde. Der Name «Sea Org» wurde gewählt, weil Hubbard sein Imperium bis 1975 von einer Schiffsflotte aus regierte. Die Mitglieder der «Sea Org» hatten einen umfangreichen Ehrenkodex einzuhalten; ihr Vertrag gilt symbolisch für eine Milliarde Jahre und soll damit den Glauben an die Unsterblichkeit des Menschen als Geistwesen dokumentieren.

1976 wurde das religiöse und administrative Zentrum von Scientology in Clearwater, Florida, eröffnet. 1981 entstand die «Church of Scientology International», der die Funktionen der bisherigen Mutterkirche, der «Church of Scientology of California», übertragen wurden. 1981 wurde auch das «Religious Technology Center» in Los Angeles gegründet, das als Bewahrer der «Religion» und der seelsorgerischen Verfahren, der religiösen Technologien fungiert.

Welche Ziele verfolgt Scientology?

Die Scientology-Lehre will einen Weg bieten, auf dem der einzelne durch Studium und «seelsorgerische Hilfe» das Bewußtsein über seine eigene Unsterblichkeit und die höchste Wahrheit erlangen kann. Scientology will eine Lehre von der menschlichen Seele darstellen, die ewig lebt und nach Befreiung und Erlösung in sozialer Verantwortung «von innen» aus sich selbst heraus «in diesem seinem Leben» strebt. Der Weg dahin wird als «Brücke zur völligen Freiheit» bezeichnet.

In seinem Buch «Dianetik» versteht Hubbard den Menschen in Analogie zu einem reparaturbedürftigen Apparat. Die Bestimmung des Menschen ist der Überlebenskampf. Darin wird er jedoch durch seinen defekten «mind» behindert. Der Mensch, so wie er ist, ist «reactive mind», d.h., er kann sich nur nach dem Schema von Reiz und Reaktion verhalten. Denn er weist aus seinem bisherigen und aus zahlreichen früheren Leben viele Narben (Engramme) auf, die von psychischen Verletzungen herrühren, von negativen Erfahrungen und falschen Lebensvorstellungen. Stößt ein Reiz aus der Umwelt auf solch eine Narbe, kann der Mensch keine freie Entscheidung treffen, sondern nur reagieren. Der «reactive mind» speichert alle unerfreulichen Dinge, die er erlebt, und bringt sie im Augenblick der Not und Gefahr wieder ans Licht.

Um sein «wahres geistiges Potential» zu entdecken, muß durch Löschung aller Engramme der «reactive mind» in «analytischen mind» umgewandelt werden. Es muß ein besserer Mensch geschaffen werden, dessen einziges Interesse das eigene Überleben ist.

Dies geschieht durch Auditing. Mittels eines von Hubbard erfundenen Elektrometers (Hautwiderstandsmeßgerät zum Aufspüren «psychischer Verletzungen» und «Vernarbungen») wird der «Preclear» (Patient) in sein früheres Leben zurückgeführt, damit die einzelnen Engramme aufgespürt und gelöscht werden können, die den Menschen am Glücklichsein hindern. Wenn alle Engramme gelöscht sind, ist der Betreffende ganz «analytischer mind». Dies wird als Zustand des «Clear» bezeichnet. Ein «Clear» ist nach Hubbard ein «optimaler Mensch», selbstbestimmt, frei von psychosomatischen Leiden mit gesteigertem IQ, sensibler Sinneswahrnehmung und größerer schöpferischer Phantasie.

Das Auditing ist somit der eigentliche Kern der Scientology-Lehre. Durch «Zuhören» soll dem einzelnen geholfen werden, stufenweise seine Selbstbestimmung, seine Freiheit und das Bewußtsein seiner selbst als unsterbliches Wesen wieder zu erlangen. Die verschiedenen aufeinanderfolgenden Erlösungsstufen werden unter dem Begriff «Die Brücke» zusammengefaßt. Sie soll den «funktionierenden» Weg zu völliger geistiger Freiheit symbolisieren. Ein wichtiger Teil des Auditings ist die «Scientology Beichte». Der Mensch muß entsprechend der scientologischen Ethik sein Leben im Sinne der acht Dynamiken («Überlebensrouten») gestalten, um «clear» zu sein. Die acht Dynamiken kennzeichnen die verschiedenen menschlichen Triebkräfte, z.B. Sexualität, Gruppenzugehörigkeit, «Drang zum Dasein als Unendlichkeit» (= achte Dynamik). Dabei hilft ein ausgebildeter «Geistlicher» der «Scientology Kirche», ein Auditor. Er stellt gezielt Fragen, welche den «Preclear» befähigen sollen, selbst gesetzte geistige Einschränkungen zu entdecken und zu entfernen und so seine Freiheit bzw. Erlösung zu finden. Der Auditor analysiert die vermeintlichen Fehler und Problemgrundlagen, unbewußte belastende mentale Vorstellungsbilder. Die Fragen werden vom Auditor so lange wiederholt, bis die Engramme beim «Preclear» durch ständiges Erläutern gelöscht sind.

Nach der Scientology-Lehre setzt sich der Mensch aus drei Bestandteilen zusammen: dem «Thetan», einer Art Geisteswesen, dem «mind» (Verstand), einem Kommunikations- und Kontrollsystem zwischen dem Thetan und seiner Umgebung, und dem Körper («body»).

Das erste Ziel des Menschen ist es also, zunächst die Befreiungsstufe des «Clear» zu erreichen. Sie ist eine der wichtigsten Erlösungsstufen auf dem Weg zu völliger geistiger Freiheit. Die Vorstufe hierzu wird «Release» genannt. Dieser «Befreite» hat die Fähigkeit, seine Ideen und die Zustände seines Lebens in Richtung auf größere Selbstbestimmung und soziale Verantwortung hin zu ändern. Wer «Clear» ist, kann sich selbst und seine Umgebung handhaben, ist selbst Ursache von allem, was mit ihm und um ihn herum geschieht. Er hat die «Schichten der Ignoranz» aufgelöst. Der Zustand des «Clear» ist jedoch nur eine Zwischenstation. Eigentliches Ziel ist der «Operierende Thetan», die Verwirklichung der völligen seelischen Freiheit, der vollkommenen Erlösung.

«Thetan» ist nach der Scientology-Lehre das unsterbliche geistige Wesen des Menschen, die Seele, der Personenkern, das wahre Ich. Diese Thetanen sollen laut Hubbard vor rund 35 Billionen Jahren von einem teuflischen Fürsten namens Xenn versklavt und in zweibillionenfacher Ausführung auf die Erde verbannt worden sein, um das Problem der Überbevölkerung auf einem anderen Planeten zu lösen – eine wahrlich obskure Vorstellung.

Der «Thetan» inkarniert sich immer wieder nach dem Tod eines Menschen in neuen Körpern nach eigener Wahl. Jeder Mensch ist, da er im eigentlichen Sinne Geist ist, ein Thetan mit ewiger Vergangenheit und ewiger Zukunft. Im Laufe seiner Wanderung durch diese vielen Inkarnationen ist er mit Engrammen belastet. Entsprechend der schrittweisen Auslöschung der Engramme durch Auditing gibt es sieben Befreiungsgrade. Der siebte wird «Clear» genannt. Die höchste Stufe ist der «Operating Thetan». Hier gibt es acht Stufen. Die höchste Stufe ist derzeit der «New OT VIII». Der «Operating Thetan» ist «ein Clear», der mit seiner Umgebung so vertraut gemacht worden ist, daß er den Punkt erreicht hat, völlig Ursache über Materie, Energie, Raum, Zeit, Leben und Denken zu sein, und der nicht in einem Körper ist. Der «Operating Thetan» lernt, seinen Körper zu verlassen. Er ist befreit vom ewigen Kreislauf des Geborenwerdens und Sterbens. Der Tod wird damit zu einer technischen Angelegenheit.

Widersprüchlichkeit der Scientology

Scientology ist ein unauflösbarer Widerspruch zwischen vermeintlich ideellen Zielen und dem Verlangen nach Geld und nach Macht. Der Gründer Hubbard sagt: «Wir trachten nur nach Evolution zu höheren Stufen des Daseins für das Individuum und die Gesellschaft... Eine Zivilisation ohne Unvernunft, ohne Kriminalität und ohne Krieg, eine Zivilisation, in der Fähige sich frei entwickeln können, in der ehrliche Menschen ihre Rechte haben und in der der Mensch die Freiheit hat, sich zu höheren Ebenen des Seins zu erheben, das sind die Ziele von Scientology.» Andererseits erklärt er: «Der einzige Grund, aus dem es Organisationen gibt, ist die Aufgabe, Materialien und Dienste an ihre Mitglieder gegen einen Beitrag zu verbreiten und zu vermitteln und Personen aus der Öffentlichkeit hereinzuholen, an die man diese verbreiten und vermitteln kann... Sowohl die erste als auch alle nachfolgenden Organisationen der Kirche wurden ausschließlich zu diesem Zweck gegründet.»

Nach scientologischer Meinung können also die Befreiung der Menschheit und der Verkauf einer Ware, zum Beispiel von Büchern oder Kursen, nicht getrennt werden. Hubbard: «Wir sind die einzige Gruppe auf der Erde, die eine funktionierende Technologie besitzt, welche sich mit den grundlegenden Gesetzmäßigkeiten des Lebens selbst befaßt und die Ordnung in das Chaos bringt.»

Ins Gegenteil verkehrte Ethik

Ethik spielt bei der Scientology eine zentrale Rolle. Sie bedeutet die Überwindung jeglichen Widerstands von innen und außen. Ethik hat einen neuen Inhalt erhalten: «Der Zweck von Ethik ist: Gegenabsichten von der Umwelt zu entfernen. Nachdem das erreicht ist, hat sie zum Zweck, Fremdabsichten aus der Umwelt zu entfernen. Dadurch ist Fortschritt für alle möglich.» Ethik ist «die Dampfwalze, die die Straße ebnet». Sie kann «sogar darin bestehen, daß einer seiner Feinde in der Dunkelheit dumpf aufs Straßenpflaster klatscht oder das ganze feindliche Lager als Geburtstagsüberraschung in riesige Flammen aufgeht».

Ethik hat nach diesem Verständnis einen ganz anderen Inhalt erhalten. Sie ist mit unseren tradierten Vorstellungen von gegenseitiger Rücksichtnahme und Toleranz gegenüber dem Andersdenkenden nicht vereinbar. Die Menschenwürde als unser oberstes Verfassungsgebot spielt hier keine Rolle mehr. In dem Buch «Ethik der Scientology» werden Korruption, Körperverletzung, Sachbeschädigung, Verfolgung und Unterdrückung Andersdenkender sowie Gewaltanwendung gegen Feinde als legitime und gebotene Mittel zur Machtgewinnung, Machterhaltung und Machtausweitung vorgestellt. Aus dieser Sicht heraus können alle Kritiker und Gegner der «Scientology Kirche» als Feinde der Menschheit bezeichnet werden, weil die Scientology-Lehre die einzige Überlebenschance für die Menschheit bedeutet. Jedes Mittel, das für die Durchsetzung und Verbreitung von Scientology eingesetzt wird, ist durch den guten Zweck legitimiert. Ein kritisches Hinterfragen findet nicht statt.

Zur Verbreitung dieser Technologie ist der «Generalinspektor für Ethik» verantwortlich. Er hat weltweit vier Sicherheitsabteilungen etabliert. In Süddeutschland wurde jüngst eine «Organisation für spezielle Aufgaben», ein Sicherheitsdienst zur Überwachung von Kritikern der «Scientology Kirche», eingerichtet. – So sehen also die angeblich so hehren Ziele von Scientology aus.

Tatsächlich ist die «Scientology Kirche» ein weltweit operierendes, einflußreiches Wirtschaftsimperium unter dem Deckmantel einer angeblichen Religionsgemeinschaft, dessen alleiniger Zweck das Geldverdienen und die Vermehrung des Kapitals mit raffinierten Psychotechniken ist. In einem Leitfaden für Scientologen heißt es hierzu: «Make money, make more money.» Der Jahresumsatz wird allein in der Bundesrepublik auf etwa 150 Mio. DM geschätzt; weltweit auf ein bis zwei Milliarden US-Dollars. Inzwischen versucht Scientology, vermehrt Einfluß auf den Immobilienhandel, die Anlageberatung und den Software-Bereich zu gewinnen. Zielgruppe der Sekte sind inzwischen vor allem Manager, Politiker und Künstler – aus folgendem Grund: Mit den Meinungsführern aus Wirtschaft, Politik und Kultur hofft der Sektenkonzern, die gesamte Gesellschaft in seinem Sinne beeinflussen und unterwandern zu können.

Scientology arbeitet auch mit gezielten Kampagnen zur Desinformation der Öffentlichkeit. So hat z.B. die 1972 gegründete «Kommission für Verstöße der Psychiatrie gegen die Menschenrechte e.V.» in Flugblättern, Informationsbriefen und Broschüren behauptet, daß «Psychiatrie tötet». In einer Broschüre, die die «Kommission» im vergangenen Jahr an Schulleitungen der Gymnasien schickte, wurde ausgeführt, daß im Mittelpunkt der Arbeit der Kommission die «Sorge um Menschenrechte und Menschenwürde des einzelnen und um vielfach recht- und wehrlose Mitbürger» stehe. Tatsache ist jedoch, daß diese Initiative eine Tarnorganisation von Scientology ist. Sie gibt vor, einen Beitrag zur «Reform sozialer Mißstände» und zur «Lösung sozialer Probleme» zu leisten, in Wirklichkeit aber zeichnet sie ein unzutreffendes Horror-Bild von der Psychiatrie, das die Menschen schockieren und abschrecken sowie das Vertrauen in die Psychiatrie zerstören soll. So muß der Aussage «Psychiatrie tötet» entschieden widersprochen werden, weil durch solche Behauptungen die Gefahr besteht, daß psychisch Kranke und seelisch gefährdete Menschen durch diese Aktivitäten von einer ihrer Krankheit angemessenen

Behandlung und Betreuung ferngehalten werden und die Arbeit der in Einrichtungen und Diensten für psychisch Kranke tätigen Mitarbeiterinnen und Mitarbeiter auf polemische und diffamierende Weise herabgewürdigt wird. Eine weitere problematische Tarnorganisation ist der Verein Narconon e.V. mit Einrichtungen in Schliersee und Itzehoe. Narconon vertritt ein Programm zur Drogen- und Alkoholrehabilitation auf der Grundlage von Dianetik, einem Sammelsurium manipulativer Psychotechniken der Scientology. Der Verwaltungsgerichtshof Baden-Württemberg hat inzwischen am 10.5.1993 zu diesem Komplex im einstweiligen Rechtsschutzverfahren entschieden, daß die Feststellung des Kultusministeriums Baden-Württemberg zutrifft, es sei «bislang kein einziger erfolgreicher Drogenentzug» durch den Verein Narconon e.V. nachgewiesen.

Hierarchischer Aufbau

Die «Scientology Kirche» ist nach dem Prinzip «Befehl und Gehorsam» streng hierarchisch aufgebaut. Ihre Organisationsstruktur ist konsequent darauf gerichtet, die ungestörte Verbreitung der scientologischen Lehre zu gewährleisten. Die Verwaltungszentrale ist das «Religious Technology Center» in Los Angeles/USA. Die «Scientology Kirche» hat ein klar strukturiertes, handlungsorientiertes Programm, das weltweit standardmäßig nach festen Richtlinien durchgeführt wird. Kontrollinstanzen wie etwa der Fallüberwacher oder der «Ethik-Officer» überwachen die Einhaltung dieser Richtlinien. Kostenlose «Einführungs-Services» und für jedermann erschwingliche Trainingskurse werden geschickt eingesetzt, um Erfolgserlebnisse zu vermitteln und eine positive Grundeinstellung zu erzeugen. Wer abspringen will, wird durch persönlich gehaltene Briefe, telefonische Anrufe zu Hause sowie ausführliche Beratungsgespräche zurückgehalten. Über das «Auditing» erhält der Auditor Einblicke in den persönlichen und intimen Lebensbereich, die er dann verwenden kann, wenn jemand sich zu lösen versucht. Ein Mitglied, das Kontakt zu einer gegenüber Scientology kritisch eingestellten Person hat, wird zur PTS («Potential-Trouble-Source», «mögliche Schwierigkeitsquelle») erklärt, die Kontaktperson zur SP («Suppressive Person»). Ein PTS wird zunächst gegen kritische Einwendungen der bisherigen Bezugspersonen abgeschirmt. Zeigt er dennoch Wirkung, dann muß ein PTS nach den internen «Richtlinien über Schwierigkeitsquellen» in einem Ethikverfahren «gehandhabt» werden. Er wird also durch ein internes Strafverfahren diszipliniert. Das bedeutet, daß ihm in der Regel weitere Dienstleistungen verweigert werden. Durch diesen «Liebesentzug» soll ein hoher Leidensdruck erzeugt werden. Weltweit gibt es «Ethik-Officers», um für Scientologen «überall eine sichere Umgebung zu etablieren». Sicherheitsabteilungen und ein «Büro für spezielle Angelegenheiten» sollen gewährleisten, «daß die Umgebung der Orgs (Organisationen) sicher geschützt bleibt».

Kritik gilt als Verbrechen

Für den Umgang mit Kritikern gibt es spezielle Anweisungen. Hubbard bezeichnet Kritiker als «Verbrecher». «Sucht die Verbrecher und ihr werdet sie finden.» «Wir fanden niemals Kritiker der Scientology, die keine kriminelle Vergangenheit hatten.» «Der

Feind darf seines Eigentums beraubt werden. Man darf ihn verklagen, belügen oder vernichten.» Die Maxime lautet: «Findet oder erfindet so viel Belastungsmaterial gegen sie, daß sie um Frieden bitten müssen. Organisiert Kampagnen, die den Ruf des Betreffenden so nachhaltig ruinieren, daß er geächtet wird. Erhebt bei jeder Gelegenheit Verleumdungsklagen, um die Presse davon abzuschrecken, über die Scientology Kirche zu schreiben. Es geht nicht darum, die Verhandlungen zu gewinnen. Der Zweck ist, den Gegner zu zermürben und zu entmutigen.»

Nach einem vertraulichen Papier von Scientology «Kreuzzug 1991» sollen «Clears» und «Operierende Thetanen» vor Besuchen ihre Gesprächspartner ausspähen, «um mehr Realität über die Person zu bekommen». «Du findest heraus, wo er oder sie arbeitet oder gearbeitet hat, wer sein oder ihr Arzt ist, Zahnarzt, Freunde, Nachbarn, jeden rufst du an und sagst, ich stelle im Falle von Herrn/Frau ... Untersuchungen an, ob er/sie mit kriminellen Aktivitäten versucht hat, die Freiheit der Menschheit zu verhindern und meine Religionsfreiheit einzuschränken und die meiner Freunde, Kinder etc. Du betonst immer wieder, daß du bereits einige erstaunliche Tatsachen beisammen hast etc., etc. Es macht nichts aus, wenn du nicht viele Informationen erhältst. Sei nur geräuschvoll – es ist zunächst sehr komisch, funktioniert aber ganz fantastisch.» In der Scientology Sprache heißt dies «lautstarke Untersuchung». Oder: «Wenn Dinge schlecht sind, ist es sehr heilsam, jemanden auf den Galgen zu schikken. Wir nennen es einen Kopf auf die Spitze des Speeres zu stecken.» Kritiker sollen also mundtot gemacht werden, indem ihre Schwachstellen, ihre «Overts», an die Öffentlichkeit gezerrt werden. Scientology verfügt über eine sog. Kriegskasse mit ca. 50 Millionen US-Dollars, um den Krieg gegen Medien, Geheimdienste, Verfassungsschutz oder Interpol führen zu können.

Manipulation der Mitglieder

Die «Scientology Kirche» verlangt von ihren Ausbildern, daß «sie in einem ausgezeichneten ARC (*A*ffinität, *R*ealität, *K*ommunikation) mit Leuten stehen». ARC bedeutet dabei ein für Scientologen wohlwollendes Gefühl, Liebe oder Freundlichkeit. In dieser freundlichen Atmosphäre erfährt der Neuling, daß es in seinem Leben gravierende Schwachstellen («ruins») gibt, bei denen es für ihn um Leben oder Tod geht und die deshalb unbedingt einer Heilung («Lebensreparatur») durch Dianetik bedürfen. Zu diesem Zweck wird kostenlos ein aus 200 Fragen bestehender Eingangstest («Oxford-Persönlichkeits-Analyse») zur angeblichen wissenschaftlichen Analyse der geistigen Fähigkeiten durchgeführt. So wird zum Beispiel gefragt: Ist es normalerweise hart für Sie, etwas einzugestehen und die Verantwortung dafür zu tragen? Bekommen Sie manchmal ein Zucken in ihren Muskeln, auch wenn es keinen ersichtlichen Grund dafür gibt? Würden Sie sich eingestehen, im Unrecht zu sein, nur um des lieben Friedens willen? Glauben Sie, daß es Leute gibt, die Ihnen ganz sicher unfreundlich gesinnt sind und gegen Sie arbeiten? Grübeln Sie oft über vergangene Mißgeschicke nach? Geraten Sie gelegentlich in Schwierigkeiten? Kauen Sie an Ihren Fingernägeln oder Gegenständen herum? Müßten Sie sich eindeutig anstrengen, um über Selbstmord nachzudenken? Zahlen Sie Ihre Schulden und halten Sie Ihre Versprechen, wenn es möglich ist? Führen Sie zugewiesene Aufgaben normalerweise prompt und systematisch aus? Sind Sie normalerweise aufrichtig gegenüber anderen? Geben Sie Ihr Geld im Verhältnis zu Ihrem Einkommen zu leichtfertig aus? Sind Sie der Ansicht, daß Sie viele gute Freunde haben? Wenn Sie jagen oder fischen, sind Sie über den Schmerz besorgt, den Sie dem Wild, dem lebenden Köder oder den Fischen zufügen? Sind Sie häufig von Handlungen anderer entsetzt und nicht fähig, deren Doppelzüngigkeit oder Dummheit zu fassen?

Aufgabe dieses Tests ist es, dem Befragten vor Augen zu führen, daß er bedrohliche Schwächen aufweist. Ihm wird dann in Aussicht gestellt, daß er über das Kurs- und Materialangebot von Scientology Schritt für Schritt die totale Freiheit erreichen kann. Andererseits werden über diesen Test Einblicke in die private Sphäre ermöglicht, die dazu benutzt werden können, den Neuling intensiv und eng an die «Scientology Kirche» zu binden. Er wird sofort intensiv betreut, zum Beispiel durch starke zeitliche Inanspruchnahme, durch handgeschriebene, persönlich gehaltene Briefe, in denen Freundschaft und Lebenshilfe angeboten werden, durch Besuche, Telefonate und stundenlanges Klären von Problemen. Es folgen obligatorische Trainingskurse, zum Beispiel «Konfrontieren»: «Einer Sache ins Auge sehen, ohne zurückzuschrecken oder auszuweichen»; «in der Lage sein, bequem dazusein und wahrzunehmen». Beim «Konfrontieren» soll man in stundenlangem Training lernen, dem Gegenüber auch in unangenehmsten Situationen konstant in die Augen zu schauen, um die eigenen Emotionen unter Kontrolle zu halten.

Darüber hinaus gibt es «Wortklären». Sinn und Zweck dieses «Wortklärens» ist es, gängigen Begriffen einen anderen Bedeutungszusammenhang zu vermitteln, der in das Welt- und Menschenbild von Scientology paßt. So wird etwa der Begriff «Ethik» als die Beseitigung all dessen, was den Interessen von Scientology entgegensteht, verstanden.

Die «Scientology Kirche» isoliert die neuen Mitglieder total von ihren Eltern und Verwandten. Es wird versucht, alle Bindungen zur Familie zu kappen. Häufig hört man von den Angehörigen, der Betreffende habe sich «total verändert», «er sei ein ganz anderer

Mensch» geworden. Ihnen sei unverständlich, wie sich bislang sparsamste Menschen nun hoch verschuldet hätten.

Über das «Auditing» sagt der Schweizer Professor und Psychiater Dr. med. Hans Kind: «Erhebliche Risiken für den Patienten bedeutet die Einstellung des Auditors, die Eltern und Verwandten seien die Bösewichte, die ausschließlich die Schuld an den Störungen und Beschwerden des Patienten hätten.» Dieses Verfahren ist «höchstens für sehr robuste, selbstsichere, innerlich widerstandsfähige Personen ohne Risiko. Für seelisch Leidende, Selbstunsichere, Labile, an inneren und äußeren Konflikten Leidende bringt es erhebliche Gefahren wie Angstzustände, Depressionen, Krisen bis zu psychotischen Zusammenbrüchen.» Führende Ex-Scientologen bezeichnen «Auditing» als Gehirnwäsche.

Beutet Scientology Menschen aus?

Nach scientologischer Vorstellung kann sich der Mensch mit Hilfe der angeführten Kurse durch Auditing zur völligen geistigen Freiheit, zum «Operierenden Thetan» entwikkeln. Der «Fallüberwacher» bestimmt, welche Beträge bis zum Erreichen dieses Zustandes investiert werden müssen. Er legt fest, welche «services» der Neuling (der «Preclear») in Anspruch nehmen muß, um ein «Clear» zu werden. Das Schulungszentrum der «Scientology Kirche» ist in Clearwater/Florida. Dort sind die qualifiziertesten, aber auch teuersten Dienstleistungen (services) zu erhalten. Die Kurse und sonstigen Dienstleistungen auf der «Brücke zur völligen Freiheit» beginnen zunächst bei wenigen hundert Mark, enden aber nicht selten in totaler Verschuldung und Abhängigkeit von der »Scientology Kirche».

So kostet die normale Mitgliedschaft mindestens 300 US-Dollars, die Mitgliedschaft auf Lebenszeit mindestens 2'000 US-Dollars. Die Einstiegskurse sind meist nicht teuer. 1989 kostete in Stuttgart ein Kommunikationskurs 280 DM, ein HQS-Kurs («Hubbard Qualified Scientologist») 690 DM. Dann werden die Kurse immer teurer: «Reinigungs-Rundown» 3'047 DM, ein Kurs, der zur Reinigung von Umweltgiften im Körper dienen und sogar gegen radioaktive Strahlung immunisieren soll; für die Academy-Ausbildung 20'400 DM. Der Kurs «Schlüssel zum Leben» kostete in Stuttgart einschließlich Kursmaterial rund 14'000 DM. Eine Preisliste von Flag/Clearwater, dem höchstqualifizierten Anbieter von Scientology Technology und Schulungszentrum, vom September 1990 bietet 24 Posten zum Gesamtpreis von 149'290 US-Dollars für Nichtmitglieder und 120'960 US-Dollars für Mitglieder an. Der Flag/Buchladen bot 133 Posten Bücher, Schallplatten, Ton- und Video-Kassetten zum Gesamtpreis von 24'807 US-Dollars an. Für ein OT-Armband in Weißgold mußten Frauen 9'208 DM, Männer 18'418 DM bezahlen. Um höchste Scientology-Weihen zu erhalten, muß man mindestens 300'000 DM einsetzen.

Kann ein Christ Mitglied der «Scientology Kirche» sein?

Scientology widerspricht fundamental unseren christlichen Glaubensüberzeugungen. Die Scientology-Lehre ist nach zutreffender Ansicht der Evangelischen Landeskirche «eine unglaubwürdige und höchst befremdliche Mischung aus Psychotechniken, Wiederverkörperungsvorstellungen und Science-fiction». Durch «die Vermittlung eindeutig faschistischen Gedankenguts und menschenverachtender Praktiken (entstehen) ... bei vielen Betroffenen psychische Abhängigkeiten; nicht selten enden solche im finanziellen Ruin. Die modernistische Ideologie der 'Scientology Kirche' ... (ist) mit dem authentischen christlichen Glauben in keinerlei Weise zu vereinbaren» (Drucksache 10/4993 vom 26.3.1992, Seite 18, des Landtags von Baden-Württemberg). Die «Scientology Kirche» hat undemokratische Strukturen und einen Totalitätsanspruch, der mit den Geboten der Toleranz und Nächstenliebe nicht vereinbar ist. Die Würde des Menschen, das Recht auf freie Entfaltung der Persönlichkeit, das Recht auf Leben und körperliche Unversehrtheit, der Schutz von Ehe und Familie spielen in der Vorstellungswelt der Scientologen keine Rolle. Völlig zu Recht hat das Erzbischöfliche Ordinariat Freiburg bereits 1984 in einer Informationsschrift speziell zum Thema «Scientology Kirche» festgestellt: «Scientology ist eine menschliche Selbsterlösungslehre, in der die göttliche Gnade keinen Platz hat ... Sie kann keinesfalls den christlichen Kirchen zugerechnet werden. Ihre Praktiken sind seelsorgerisch höchst bedenklich. Die Methode des «Auditing» entspricht nicht den kirchlich üblichen Seelsorgehilfen und ist nicht geeignet, seelische Schäden zu beheben. Ein überzeugter Christ kann nicht zugleich Mitglied der Scientology Kirche sein» (siehe Landtags-Drucksache, aaO., Seite 19). Scientology hat außer der mißbräuchlichen Verwendung des Begriffs «Kirche» mit unseren christlichen und ethischen Grundlagen nichts Gemeinsames.

Angesichts der Gefährlichkeit der Methoden und Praktiken von Scientology, ihrer undemokratischen, destabilisierenden und totalitären Ideologie sowie ihres Strebens nach totaler Expansion in Staat und Gesellschaft sind Gegenmaßnahmen auf den verschiedensten Gebieten dringend erforderlich. Die Justizminister der deutschen Bundesländer haben beschlossen, die Frage zu prüfen, ob und wie die «Scientology Kirche» strafrechtlich wegen psychischer und physischer Abhängigkeitsverhältnisse, materieller Ausbeutung unter Gewissenszwang sowie Persönlichkeitszerstörung belangt werden kann.

Was ist zu tun?

Es ist dringend erforderlich, daß Kirche, Staat, Gesellschaft, Familie und Schule das Problembewußtsein und die Sensibilität für diesen Gefahrenbereich schärfen und neue Wege für ein sinnerfülltes Leben und eine tragfähige Wertorientierung, Wertevermittlung und Werteverwirklichung auf der Grundlage der christlichen Botschaft aufzeigen. Die im Juni 1993 von der Landesregierung Baden-Württemberg beschlossene «Interministerielle Arbeitsgruppe für Fragen sogenannter Jugendsekten und Psychogruppen» hat im wesentlichen die Aufgabe, ein Konzept für ein abgestimmtes Vorgehen zu erarbeiten und Staat und Gesellschaft über die Tätigkeiten der sogenannten Jugendsekten wie Scientology, Bhagwan-Osho-Bewegung, Vereinigungskirche des Koreaners Moon, Transzendentale Meditation sowie zahlreicher Psychogruppen zu informieren sowie das anfallende Material zu dokumentieren.

Neben der Beratung und Hilfestellung z.B. durch die Weltanschauungsbeauftragten der Katholischen und Evangelischen Kirche, die sozialethische Arbeitsstelle der Diözesen, die Evangelische Zentralstelle für Weltanschauungsfragen, die Aktion Jugendschutz, die Aktion Bildungsinformation oder Robin Direkt kommt der vorbeugenden Erziehung in der Schule und im Elternhaus besondere Bedeutung zu. Denn die entscheidenden Weichenstellungen und Prägungen erfolgen in der Kindheit und Jugendzeit. Wachsamkeit, Bewußtsein für Gefahren durch psychische Manipulation und Bereitschaft zur Eigenverantwortung müssen auch in der Schule geweckt werden. Das Kultusministerium Baden-Württemberg hat deshalb alle Schulleiter und Lehrer aufgerufen, dieses wichtige gesamtgesellschaftliche Thema «Gefahren durch Jugendsekten» in den Fächern Evangelische Religionslehre, Katholische Religionslehre, Ethik sowie in Deutsch und Gemeinschaftskunde ausführlich zu behandeln. Außerdem bietet sich die Auseinandersetzung mit den sog. Jugendsekten überall dort in der Schule an, wo sich der Unterricht mit Sinn- und Orientierungsfragen sowie dem Leben des einzelnen in der Gemeinschaft befaßt.

Weitere wichtige vorbeugende Maßnahmen sollten musisch-kulturelle Angebote an den

Schulen sowie in Musik- und Sportvereinen sein. Diese Initiativen und Aktivitäten können dazu dienen, den Jugendlichen im Rahmen der ganzheitlichen Persönlichkeitsentwicklung eine sinnvolle Lebensgestaltung zu ermöglichen und ihre Widerstandsfähigkeit gegen die Einflüsse der neuen Heilslehren zu stärken. Es geht letztendlich darum, die Freiheit und Zukunft unserer Gesellschaft zu bewahren und zu sichern und den manipulativen, persönlichkeitsverändernden Einfluß von Psychotechniken auf unsere Gesellschaft und unsere demokratischen Grundwerte und insbesondere auf Jugendliche abzuwenden.

Beratungsstellen

Erzdiözese Freiburg
Erzbischöfliches Ordinariat
Herrenstr. 35
79098 Freiburg

Diözese Rottenburg-Stuttgart
Bischöfliches Ordinariat
Eugen-Bolz-Platz 1
72108 Rottenburg

Evangelische Landeskirche in Baden
Evangelischer Oberkirchenrat
Blumenstr. 1
76133 Karlsruhe

Evangelische Landeskirche in Württemberg
Evangelischer Oberkirchenrat
Gänsheidestr. 2 und 4
70184 Stuttgart

Aktion Jugendschutz
Landesarbeitsstelle Baden-Württemberg
Stafflenbergstr. 44
70184 Stuttgart
Tel. 0711/241591/92

Aktion Bildungsinformation e.V. (ABI)
Alte Poststr. 5
70173 Stuttgart
Tel. 0711/29935

Baden-württembergische Eltern- und
Betroffenen-Initiative zur Selbsthilfe
gegenüber neuen religiösen und
ideologischen Bewegungen e.V. (EBIS)
Frau Liselotte Wenzelburger-Mack
Hölderlinweg 10
72663 Großbettlingen
Tel. 07022/42411

Evangelische Zentralstelle
für Weltanschauungsfragen (EZW)
Hölderlinplatz 2A
70193 Stuttgart
Tel. 0711/2262281/82

Arbeitsstelle für Weltanschauungsfragen
der Evangelischen Landeskirche Württemberg
Pfarrer Walter Schmidt
Postfach 101352
70012 Stuttgart
Tel. 0711/2068-276

Evangelische Akademie Baden
Informationsstelle Weltanschauungsfragen
Akademiedirektor Pfarrer Dr. M. Nüchtern
Postfach 2269
76010 Karlsruhe
Tel. 0721/9175-319 (vormittags)

Weltanschauungsbeauftragte
der Katholischen Kirche in Rottenburg
Frau Susanne Beul
Obere Gasse 5
72108 Rottenburg a.N.
Tel. 07472/169586

Weltanschauungsbeauftragter
Herr Dipl.-Theologe Albert Lampe
Okenstr. 15
79108 Freiburg
Tel. 0761/5144-136

ROBIN DIREKT e.V., Schutzgemeinschaft
Frau Renate Hartwig
Postfach 44
89282 Pfaffenhofen
Tel. 07302/4019

Parapsychologische Beratungsstelle
Herr Dr. Dr. Walter von Lucadou
Hildastr. 64
79102 Freiburg
Tel. 0761/77202

Eltern- und Betroffeneninitiative
gegen psychische Abhängigkeit
für geistige Freiheit Berlin e.V.
Mommsenstr. 19
10629 Berlin
Tel. 030/8183211

Pfarrer Thomas Gandow
Beauftragter für Sekten- und Weltanschauungsfragen
der Evangelischen Kirche in Berlin-Brandenburg
Heimat 27
14165 Berlin
Tel. 030/8157040

Elterninitiative in Hamburg und Schleswig-Holstein
zur Hilfe gegen seelische Abhängigkeit
und Mißbrauch der Religion e.V.
Pfarrer D. Bendrath
Brahmsstr. 20f
23556 Lübeck
Tel. 0451/44786

Oberkirchenrat
Postfach 011003
19010 Schwerin
Tel. 0385/864165

Dr. Friedrich Büchner
Beauftragter der Evangelisch-Lutherischen
Kirche in Thüringen für
Sekten- und Weltanschauungsfragen
Karolinenstr. 8
99817 Eisenach
Tel. 03691/76649

Pfarrer E. Zieglschmid
Beauftragter der Evangelisch-Lutherischen
Landeskirche Sachsen für
Sekten- und Weltanschauungsfragen
An der Heilandskirche 1
01157 Dresden
Tel. 0351/436450

Synode der evangelisch-reformierten Kirchen
in Bayern und Nordwestdeutschland
Saarstr. 6
26789 Leer
Tel. 0491/91980

Pfarrer W. Knackstedt
Beauftragter für Sekten- und Weltanschauungs-
fragen der Evangelisch-Lutherischen
Landeskirche Hannover
Archivstr. 3
30169 Hannover
Tel. 0511/1241452

Bischöfliches Ordinariat
Domhof 18–21
31134 Hildesheim
Tel. 05121/307236

Aktion Psychokultgefahren e.V. (APG)
Ellerstr. 101
40227 Düsseldorf
Tel. 0211/721066

Pfarrer R. Hauth
Beauftragter für Sekten- und
Weltanschauungsfragen
der Evangelischen Kirche von Westfalen
Röhrchenstr. 10
58452 Witten
Tel. 02302/910100

Pfarrer J. Keden
Beauftragter für Sekten- und
Weltanschauungsfragen
der Evangelischen Kirche im Rheinland (VMA)
Rochusstr. 44
40479 Düsseldorf
Tel. 0211/3610246

Arbeitskreis Sekten
Auf der Freiheit 25
32052 Herford
Tel. 05221/5998-57 (Di.–Fr. vormittags)
oder 05221/59980 (Zentrale)

Elterninitiative zur Wahrung
der geistigen Freiheit e.V. Leverkusen
Geschwister-Scholl-Str. 28
51377 Leverkusen
Tel. 0214/58372

Zentralstelle Pastoral der
Deutschen Bischofskonferenz
Kaiserstr. 163
53113 Bonn
Tel. 0228/103230

Aktion für Geistige und
Psychische Freiheit, Arbeitsgemeinschaft
der Elterninitiativen e.V. (AGPF)
Graurheindorferstr. 15
53111 Bonn
Tel. 0228/631547

Referat für Weltanschauungsfragen
Eschenheimer Anlage 21
60318 Frankfurt/M.
Tel. 069/1501149

Dipl.-Päd. Kurt-Helmut Eimuth
Beauftragter des Evangelischen Regionalverbandes für Religions- und Weltanschauungsfragen
Saalgasse 15
60311 Frankfurt/M.
Tel. 069/285502

Bischöfliches Ordinariat
Postfach 124
30001 Fulda
Tel. 0661/87463

Pfarrer Dr. W. Behnk
Beauftragter für Sekten- und
Weltanschauungsfragen
der Bayerischen Landeskirche
Marsstr. 22
80335 München
Tel. 089/55980444 (9.00–13.00 Uhr)

Dipl.-Theol. Hans Liebl
Beauftragter für Sekten- und Weltanschauungs-
fragen der Erzdiözese München-Freising
Dachauer Str. 5/V. Stock
80335 München
Tel. 089/2137417

Österreich:
Referat für Sekten- und Weltanschauungsfragen
Stephansplatz 6/VI
A-1010 Wien
Tel.: 0222/51552/367

Schweiz:
Ökumenische Arbeitsgruppe
«Neue religiöse Bewegungen»
der SBK und des SEK
Wiesenstr. 2
CH-9436 Balgach
Tel.: 071/72 33 17

Literaturempfehlung

F. Valentin/H. Knaup, Scientology – der Griff nach Macht und Geld. Selbstbefreiung als Geschäft, Verlag Herder, Freiburg i.Br. 1992

Jörg Herrmann (Hrsg.), Mission mit allen Mitteln. Der Scientology-Konzern auf Seelenfang, Rowohlt Taschenbuch Verlag 1992

Dr. Werner Thiede, Scientology als Geistesmagie, Bahn-Verlag 1992, Bd. 1

Liane von Billerbeck/Frank Nordhausen, Der Sektenkonzern – Scientology auf dem Vormarsch, Ch. Links Verlag 1993

Friedrich-Wilhelm Haack, Scientology – Magie des 20. Jahrhunderts, Claudius Verlag, 2. Auflage, München 1991

Informationen zur neuen religiösen Szene

Kanisius Verlag   Postfach 1052   CH-1701 Freiburg
Kanisiuswerk   Blarerstr. 18   D-78462 Konstanz